imaginador

BIBLIOTECA del HOGAR y la FAMILIA

LA COCINA VEGETARIANA

ENTRADAS • PLATOS PRINCIPALES • POSTRES

Primera edición: diciembre de 1998
Segunda edición: 2.000 ejemplares, diciembre de 2001

I.S.B.N.: 950-768-375-5

Se ha hecho el depósito que establece la ley 11.723

Buenos Aires - República Argentina
IMPRESO EN ARGENTINA - PRINTED IN ARGENTINA

INTRODUCCIÓN

En su sentido más estricto, el vegetarianismo se define como un régimen alimenticio, basado en el consumo exclusivo de vegetales u otras sustancias de origen vegetal.

Por otra parte, muchas personas se denominan "lacto-vegetarianas"; es decir, no comen carne pero sí complementan su dieta con huevos, leche y derivados lácteos.

En base a este último criterio es que se ha realizado este libro.

Aclarado este punto, conozcamos un poco más sobre lo que significa optar por un régimen vegetariano.

Reglas básicas

- No consumir carne de ningún tipo.
- Sustituir los alimentos refinados por los alimentos integrales, es decir:
  - -harina refinada por harina integral;
  - -pan blanco por pan integral;
  - -azúcar blanca por azúcar morena;
  - -arroz blanco por arroz integral;
  - -sal blanca por sal marina;
  - -cualquier tipo de galleta o galletita refinada por galleta o galletita integral.
- Sustituir las mermeladas comerciales por miel o melaza.
- Sustituir los dulces y postres comerciales por frutas secas, pasas y postres caseros.
- Sustituir las salsas picantes por salsa de soja o tamari.
- Sustituir las infusiones excitantes (café, mate, té común) por infusiones de hierbas, malta y jugos de frutas.
- Sustituir el vinagre común por vinagre de manzana o jugo de limón.

Además de los puntos indicados se encuentran otros que hacen a la vida saludable, y que deben tener muy en cuenta aquellos que quieran comenzar a transitar el camino del vegetarianismo:

- No fumar.
- No beber alcohol (o hacerlo con moderación).
- Realizar ejercicios a diario.
- Mantener la vivienda limpia y bien aireada.
- Cumplir ocho horas de descanso.
- Dedicar un tiempo a la meditación y al esparcimiento físico y mental.

Un cambio gradual

Comience a variar sus hábitos alimenticios poco a poco, pues los cambios bruscos no sirven para mejorar la salud.

Si usted está acostumbrado a una dieta predominantemente rica en carnes, no es necesario ni aconsejable que las elimine abruptamente.

Lo que le proponemos es comenzar a incorporar otro tipo de alimentos que, en principio, complementen lo que come habitualmente.

Empiece sustituyendo los productos refinados por los no refinados; los dulces comerciales por dulces que la misma naturaleza provee; y finalmente, la carne, por otros alimentos nutritivos.

Paralelamente, intente realizar alguna actividad física, aunque más no sean algunos abdominales por la mañana o ejercicios de relajación, antes de acostarse.

Recuerde que alcanzar un buen estado físico es una construcción diaria.

Alimentos "clave" en la dieta de un vegetariano

- Frutas naturales
- Frutas secas (nueces, avellanas, almendras, castañas, etc.)
- Frutas pasas (higos, dátiles, uvas, ciruelas, etc.)
- Jugos de frutas naturales
- Infusiones a base de hierbas
- Malta (como sustituto del café)
- Verduras

- Legumbres
- Miel o melaza (miel de caña)
- Azúcar morena
- Quesos
- Yogures
- Vinagre de manzana
- Aceite de oliva, de maíz, de sésamo y de girasol
- Germen de trigo
- Harinas integrales
- Cereales integrales
- Sal marina
- Salsa de soja
- Tamari (salsa a base de trigo candeal, soja y sal marina)

Los cereales más utilizados

- Avena
- Centeno
- Arroz integral
- Cebada
- Trigo integral
- Mijo
- Maíz

Las leguminosas más utilizadas

- Garbanzos
- Lentejas
- Sésamo

- Soja
- Porotos

Las mejores infusiones digestivas

- Manzanilla
- Salvia
- Menta
- Tomillo

Importancia de la masticación

La masticación de los alimentos es imprescindible para una buena salud. En general no estamos acostumbrados a masticar y triturar los alimentos en forma correcta: básicamente los "tragamos".

Cuando un alimento no se mastica correctamente llega al estómago casi sin triturar. Esto produce que tanto el estómago como los intestinos deban trabajar arduamente para poder procesar ese alimento. De la incorrecta masticación surgen los problemas de índole estomacal e intestinal, que devienen en la descompensación del organismo.

La digestión comienza en la boca. Durante la masticación, las glándulas salivales segregan mayor cantidad de saliva para envolver el alimento, triturado por los dientes, para formar el bolo.

El alimento debe llegar al estómago en forma de papilla para alivianar el trabajo del estómago y del intestino, que consiste en extraer los nutrientes necesarios para el cuerpo, introduciéndolos en la corriente sanguínea.

Entradas

Entradas frías

ENSALADA DE SOJA

Ingredientes

250 g de brotes de soja
2 zanahorias, ralladas
1 remolacha, rallada
100 g de queso crema
Sal marina
Jugo de limón
Aceite de soja

Preparación

- Colocar los brotes de soja junto con las zanahorias y la remolacha ralladas, en una fuente ensaladera. Mezclar bien.
- Incorporar el queso crema y los condimentos, mezclando bien todos los ingredientes.
- Llevar unos minutos a la heladera antes de servir.

ENSALADA DE RABANITOS

Ingredientes

1 taza de rabanitos, cortados en rodajas
1 taza de hinojo picado
1 pepino, cortado en rodajas
1 manzana, cortada en daditos
Sal marina
Pimienta
Aceite de girasol

Preparación

- Mezclar todos los ingredientes en una fuente ensaladera.
- Condimentar a gusto y servir.

ENSALADA DE GARBANZOS

Ingredientes

1 taza de garbanzos cocidos
2 cucharadas de queso crema
1 planta de hinojo, cortada en rodajas finas
1 cucharada de salvado de avena
Jugo de 1/2 limón
1 cebolla, cortada en aros finos
Sal marina
Unas gotas de aceite de soja
5 aceitunas sin carozo, cortadas en aritos

Preparación

- Colocar los garbanzos, la cebolla y el hinojo en una fuente ensaladera.
- En un bol aparte, mezclar bien el queso crema con el salvado de avena. Incorporar el jugo de limón, un poco de sal y unas gotas de aceite. Volver a mezclar.
- Integrar los ingredientes de la fuente ensaladera, incorporando la crema de queso.
- Decorar la ensalada con las aceitunas fileteadas.

ENSALADA DE REMOLACHAS

Ingredientes

4 remolachas medianas, ralladas
2 huevos duros, picados
1/2 taza de ricota
Jugo de 1/2 limón
1 cucharada de germen de trigo
2 cucharadas de salsa de soja

Preparación

- Colocar los ingredientes en una fuente ensaladera.
- Condimentar a gusto y mezclar bien.
- Decorar con los huevos duros.

ENSALADA DE TOMATES

Ingredientes

2 tomates, cortados en rodajas
2 pepinos, cortados en rodajas
1 ají verde, cortado en tiras finas
1 cebolla, cortada en aros finos
100 g de queso crema
1 cucharadita de salsa de soja
2 cucharaditas de albahaca picada

Preparación

- Mezclar el queso con la salsa de soja. Revolver bien hasta obtener una crema.
- Colocar los ingredientes en una fuente ensaladera y mezclar bien.
- Añadir la crema de soja y volver a mezclar.
- Decorar la superficie con la albahaca picada.

ENSALADA DE REPOLLO

Ingredientes

1/2 repollo colorado, cortado en juliana
2 zanahorias, ralladas
1 taza de lechuga, cortada en juliana
2 tomates, cortados en rodajas
1 ají morrón, picado
Sal marina

Jugo de limón
Aceite, a elección

Preparación

• Colocar todos los ingredientes en una fuente ensaladera.

• Añadir los condimentos a gusto y mezclar bien, justo antes de servir.

ENSALADA DE ALFALFA

Ingredientes

100 g de brotes de alfalfa
100 g de brotes de soja
1 naranja, cortada en trocitos
2 cucharadas de jugo de naranja
2 cucharaditas de salsa de soja
2 cucharaditas de vinagre de manzana

Preparación

• Colocar los brotes de alfalfa y los de soja en una fuente ensaladera.

• Añadir los trocitos de naranja.

• En un bol aparte, mezclar muy bien el jugo de naranja con la salsa de soja y el vinagre de manzana.

• Verter sobre la ensalada, revolver muy bien y servir.

ENSALADA DE CHOCLOS

Ingredientes

3 choclos, cocidos y desgranados
1 taza de arroz integral, cocido
2 papas, cortadas en dados y cocidas
1 zanahoria, rallada
1 diente de ajo, picadísimo
1 cucharada de germen de trigo
1 cucharada de aceite de girasol
Sal marina

Preparación

• Colocar todos los ingredientes en una fuente ensaladera.
• Condimentar a gusto, mezclar bien y servir.

ENSALADA DE COLIFLOR

Ingredientes

1 coliflor mediana, cocida
1 huevo duro, picado
1 taza de arvejas, cocidas
1/2 taza de trigo, cocido
2 cucharadas de queso crema
1 remolacha chica, rallada bien fina
Sal marina

Preparación

- Separar la coliflor ya cocida en gajos y colocarlos en una fuente ensaladera.
- Añadir las arvejas y el trigo y mezclar bien.
- Agregar el queso crema y la sal marina. Volver a mezclar los ingredientes.
- En bol aparte, mezclar bien el huevo duro picado con la remolacha.
- Terminar espolvoreando con esta mezcla la ensalada.

ENSALADA DE PEPINOS

Ingredientes

3 pepinos grandes, cortados en rodajas finas
1 ramita de menta, picada bien finita
100 g de crema de leche
1 cucharadita de vinagre de manzana
Sal marina
Una pizca de pimienta

Preparación

- Colocar las rodajas de pepino en un colador y reservar.
- Mientras tanto, reunir los demás ingredientes en una fuente ensaladera y mezclar bien.
- Añadir los pepinos y volver a mezclar.
- Llevar a la heladera unos minutos antes de servir.

ENSALADA DE CHAMPIÑONES

Ingredientes

500 g de champiñones
2 tomates, cortados en rodajas finas
1/2 taza de jugo de tomate
1 cucharada de orégano picado
1 cucharadita de albahaca picada
1 cucharada de aceite de oliva
Sal marina

Preparación

- Limpiar muy bien los champiñones –con un paño blanco o con un papel absorbente– y filetearlos finamente.
- Colocarlos en una fuente ensaladera, y añadir los tomates.
- En un bol aparte, mezclar el jugo de tomate con el orégano, la albahaca, el aceite de oliva y la sal.
- Verter sobre los vegetales, justo antes de servir.

ENSALADA DE APIO

Ingredientes

1 planta de apio, cortada en rodajas
200 g de nueces, picadas
2 manzanas verdes, cortadas en daditos
Jugo de 1 naranja

Sal marina
Aceite, a elección

Preparación

• Colocar el apio, las manzanas y las nueces en una fuente ensaladera.

• Añadir el jugo de naranja, la sal marina y un chorrito de aceite.

• Mezclar bien y servir.

ENSALADA DE ZAPALLITOS

Ingredientes

2 zapallitos crudos, rallados
2 zanahorias, ralladas
1/2 taza de radicheta, picada
1 cucharada de salsa de soja
1 cucharadita de comino
Aceite de oliva

Preparación

• Colocar los zapallitos, las zanahorias y la radicheta en una fuente ensaladera.

• En bol aparte, mezclar bien la salsa de soja con el comino y el aceite de oliva.

• Echar la salsa preparada sobre los demás ingredientes y mezclar bien.

PATÉ DE BERENJENAS

Ingredientes

3 ó 4 berenjenas
1/2 cebolla picada
1 diente de ajo
1/2 taza de aceite de oliva
Jugo de 1 limón
1/2 cucharadita de tahini
Sal y pimienta

Preparación

- Lavar las berenjenas. Pincharlas con un tenedor y llevarlas al horno durante una hora y media, aproximadamente, o hasta que estén tiernas.
- Sacarlas del horno, dejar que se enfríen y entonces quitarles la cáscara.
- Colocar en una batidora la carne de las berenjenas, la cebolla y el ajo –previamente picados.
- Mientras se procesan los ingredientes, incorporarles lentamente el aceite, el jugo de limón y los condimentos.

TAHINI

Esta pasta a base de sésamo o ajonjolí se utiliza para saborizar distintas preparaciones culinarias. A continuación, les ofrezco una receta para hacer en casa:

Precalentar el horno a temperatura fuerte. Colocar 4 tazas de semillas de sésamo en una bandeja y hornearlas entre 3 y 10 minutos, revolviendo a menudo para evitar que se tuesten. Ponerlas luego en un recipiente y triturarlas, incorporando poco a poco 1/4 taza de aceite hasta conseguir una pasta lisa. Añadir más aceite del indicado si es preciso.

Pueden conservar el tahini, en un recipiente bien cerrado y en la heladera, hasta tres meses.

Entradas calientes

BUÑUELOS DE ACELGA

Ingredientes

2 atados de acelga
3 cucharadas de harina de soja
1 huevo
1/2 taza de leche
1 cucharadita de nuez moscada
Aceite de maíz
Sal marina

Preparación

- Lavar la acelga, cortarla finamente y blanquearla.[1]
- Batir el huevo. Incorporarle poco a poco la harina y luego la leche, revolviendo con cuidado para que no se formen grumos. Batir hasta obtener una crema espesa.
- Condimentar con sal y nuez moscada.
- Agregar la acelga y mezclar muy bien para que los ingredientes se distribuyan equilibradamente.
- Calentar bien el aceite en una sartén e ir incorporando la preparación por cucharadas.
- Cuando los buñuelos se presenten apenas dorados, retirarlos con una espumadera o un tenedor y dejar que se escurran sobre un papel absorbente.

[1] *Blanquear: Sumergir un alimento en agua hirviendo, y refrescarlo luego, en agua fría, para ablandarlo (en el caso de las legumbres, para sacarles el sabor ácido).*

CROQUETAS DE ARROZ INTEGRAL

Ingredientes

2 tazas de arroz integral, cocido
1 taza de harina de arroz
1 taza de harina integral de trigo
1 huevo
3 tazas de agua hirviendo
3 cucharadas de aceite de oliva
Sal marina

Preparación

- Tostar en una sartén la harina de arroz. Añadirle el agua hirviendo y una pizca de sal. Mezclar bien.
- Dejar cocinar durante 40 minutos a fuego mínimo. Si fuera necesario, añadir un poco más de agua hirviendo a la preparación.
- Cuando se forme una crema consistente, retirar del fuego.
- Añadir el arroz y mezclar bien hasta obtener una pasta homogénea y lo suficientemente compacta como para formar croquetas.
- Moldear la preparación y pasar cada croqueta por huevo, previamente batido, y luego, por harina de trigo.
- Freírlas en aceite bien caliente hasta que la superficie se dore.
- Retirarlas, y escurrirlas en un papel absorbente.
- Servirlas, apenas calientes.

PAPAS AL REPOLLO

Ingredientes

2 papas grandes
1 planta de repollo
1 cebolla
1 cucharadita de albahaca picada
1 cucharadita de pimienta
1 taza de vinagre de manzana
Sal marina
Aceite de maíz

Preparación

- Pelar las papas, cortarlas en rodajas y hervirlas. Retirarlas cuando estén cocidas pero antes de que se desarmen.
- Cortar el repollo en tiritas finas y hervirlo junto con el vinagre de manzana. Cuando esté tierno, retirarlo y pasarlo por agua fría.
- Pelar y picar la cebolla, y rehogarla en aceite.
- Añadir el repollo, sazonar, y terminar de freír.
- Acomodar en una fuente las papas hervidas junto con el repollo y las cebollas.
- Decorar con albahaca picada.

ALCAUCILES AL AJILLO

Ingredientes

12 corazones de alcauciles
2 dientes de ajo
2 cucharadas de pan rallado
2 cucharadas de perejil picado
Jugo de 1/2 limón
Aceite de maíz
Sal marina

Preparación

- Untar una asadera con un poco de aceite.
- Distribuir en ella los corazones de alcauciles.
- Condimentarlos con ajo picado, perejil, una pizca de sal y espolvorear con el pan rallado.
- Rociar con jugo de limón.
- Llevar a horno de temperatura moderada durante unos 20 minutos.
- Retirar y servir.

ZANAHORIAS AL VERDEO

Ingredientes

2 cebollas de verdeo
1 kg de zanahorias
1 coliflor chica
2 huevos duros

2 cucharadas de manteca
1 cucharada de mijo, cocido
2 tazas de salsa blanca
100 g de queso rallado
1 cucharada de salsa de soja
Sal marina

Preparación

- Lavar muy bien las zanahorias y cortarlas, dejándoles la piel, en rodajas semigruesas.
- Lavar y cortar las cebollas de verdeo en rodajitas y picar sus hojas.
- Separar la coliflor en ramitos pequeños, desechando el tronco y las ramas gruesas. Lavarlos muy bien.
- Colocar las zanahorias en una cacerola con un poco de agua y sal, y llevar a fuego moderado.
- Cuando comiencen a tiernizarse, añadir la coliflor.
- Por último, agregar las cebollas de verdeo.
- Dejar hervir hasta que todos los ingredientes estén tiernos.
- Luego, retirar y escurrir.
- En una fuente para horno verter una taza de salsa blanca. Ubicar sobre este piso las verduras, y rociarlas con la salsa de soja.
- Picar los huevos duros, mezclarlos con el mijo cocido y distribuir sobre la superficie.
- Cubrir con la taza restante de salsa blanca.
- Espolvorear la superficie con queso rallado y rociar con la manteca derretida.
- Llevar a horno fuerte hasta que el queso se gratine.

PURÉ DE BRÓCCOLI AL MIJO

Ingredientes

1 planta chica de bróccoli
2 tazas de mijo
1 taza de agua
1 cucharadita de aceite de oliva
1 cucharada de salsa de soja
1 cucharadita de perejil picado
Una pizca de pimienta
Nuez moscada
Sal marina

Preparación

- Separar el bróccoli en ramitos y picarlos finamente.
- Colocar en una cacerola el bróccoli junto con la taza de agua. Salar ligeramente, y llevar a fuego bajo.
- Luego de cinco minutos, añadir el mijo, la salsa de soja, y cocinar durante 30 minutos.
- Retirar del fuego y verter el contenido en la procesadora. Agregar el aceite; condimentar con pimienta, nuez moscada, y procesar.
- Colocar el puré en un plato, decorar con el perejil picado y servir.

OMELETTE DE ESPÁRRAGOS AL ROMERO

<u>*Ingredientes*</u>

3 espárragos
1 cucharadita de romero fresco, picado
2 cucharadas de manteca
2 huevos
1 cucharadita de mijo, cocido
Sal marina

<u>*Preparación*</u>

- Cocinar los espárragos hasta que estén bien tiernos.
- Retirar, escurrir; quitarles las partes duras y picar las tiernas.
- Derretir en una sartén la manteca junto con el romero picado.
- Batir los huevos con un poco de sal y volcarlos en la sartén.
- Antes de que cuaje el huevo, incorporar los espárragos y el mijo.
- Cocinar la omelette a fuego fuerte, removiendo de vez en cuando los bordes con un tenedor, hasta que los huevos estén cremosos. Entonces, doblarla en tres partes, darla vuelta y cocinar un minuto más para que se selle.
- Servir la omelette, decorada con el romero picado.

ESPÁRRAGOS GRATINADOS AL SÉSAMO

Ingredientes

1 atado de espárragos
1 taza de salsa blanca
50 g de manteca
100 g de queso rallado
1 cucharada de semillas de sésamo
Sal marina

Preparación

- Lavar muy bien los espárragos, y hervirlos con una pizca de sal hasta que estén tiernos.
- Luego escurrirlos bien y acomodarlos en una fuente para horno, previamente enmantecada.
- Bañar con la salsa blanca; distribuir la manteca en trocitos y el queso rallado, en la superficie.
- Llevar a horno fuerte para que el queso se gratine.
- Retirar, dejar asentar, y decorar con las semillas de sésamo.

RODAJAS DE PAPA AL GIRASOL

Ingredientes

2 papas grandes
2 cebollas
2 cucharadas de aceite de girasol
1 cucharada de salsa de soja

Un chorrito de agua
1 cucharada de semillas de girasol, picadas
Sal marina

Preparación

- Pelar las papas y cortarlas en rodajas semigruesas.
- Ponerlas a hervir con una pizca de sal hasta que estén tiernas pero evitando que se deshagan.
- Mientras tanto, picar las cebollas y saltearlas en aceite de girasol.
- Cuando las cebollas estén doradas, añadir la salsa de soja y el agua.
- Retirar las rodajas de papa y ubicarlas, formando un piso, en una fuente apta para llevar a la mesa.
- Bañar con la salsa de cebollas, decorar con las semillas de girasol picadas y servir.

Sopas

SOPA DE ARROZ AL TAMARI

Ingredientes

2 tazas de agua
2 cucharadas de tamari[2]
1/2 taza de arroz integral, cocido
1 cucharada de perejil, picado

Preparación

• Colocar el agua en una cacerola y llevar a fuego moderado hasta su hervor. Añadir el tamari y revolver muy bien para que se una al agua.

• Agregar el arroz integral ya cocido. Revolver bien y cocinar por espacio de 4 a 5 minutos.

• Transcurrido ese tiempo, retirar del fuego y añadir el perejil picado. Mezclar bien y servir.

SOPA DE CEBOLLA Y MIJO

Ingredientes

2 cebollas
1 tacita de mijo[3]

[2] *El tamari es una salsa de color oscuro que se prepara con trigo candeal, soja y sal marina.*

[3] *El mijo es un cereal muy apreciado por ser muy rico en proteínas, como la lecitina, y en minerales, como el magnesio.*

1 litro de agua
2 zanahorias
1 cucharadita de salsa de soja
Sal marina

Preparación

- Lavar, pelar y cortar las cebollas y las zanahorias en daditos.
- Colocar el agua con un puñado de sal en una cacerola, y llevar a fuego moderado hasta que hierva.
- Incorporar las verduras y dejar cocinar durante 25 minutos.
- Transcurrido este tiempo, añadir el mijo y cocinar 15 minutos más.
- Agregar la salsa de soja, y cocinar otro minuto, sin dejar de revolver.
- Retirar del fuego y servir.

SOPA DE TOMATES

Ingredientes

1/2 kg de tomates
1 litro de caldo de verduras
1 cebolla
1 cucharadita de azúcar morena
1 taza de crema de leche
1 cucharada de perejil picado
1 cucharada de manteca
Sal marina

Preparación

- Lavar y pelar los tomates, cortarlos al medio y sacarles las semillas. Pisar la pulpa hasta obtener un puré.
- Pelar la cebolla y rallarla. Mezclarla con la pulpa de tomate.
- Colocar la manteca en una sartén profunda o cacerola, y saltear allí el puré de tomate y cebolla.
- Añadir el azúcar y salar.
- Verter el caldo de verduras revolviendo bien y cocinar a fuego bajo sin que llegue al hervor.
- Agregar la crema de leche y calentar 5 minutos más.
- Retirar del fuego, espolvorear con el perejil picado y servir.

SOPA DE REPOLLO

Ingredientes

1 repollo
2 papas
2 dientes de ajo
2 cebollas de verdeo
2 zanahorias
1 litro de caldo de verduras
1 cucharada de aceite de maíz

Preparación

- Picar el repollo y las cebollas de verdeo en fina juliana, y lavarlos muy bien.

- Pelar y cortar las papas en cubitos, y las zanahorias, en rodajas.
- Colocar el caldo en una cacerola, llevar a fuego lento y cuando esté templado, añadir los ingredientes mencionados.
- Dejar hervir el caldo durante 1 hora, hasta que el repollo esté bien tierno.
- Pasado este tiempo, retirar la cacerola del fuego.
- Agregar el ajo, previamente picado, y una cucharada de aceite de maíz. Revolver con cuchara de madera y servir bien caliente.

SOPA DE PUERROS

Ingredientes

6 puerros
3 papas
1 litro de caldo de verduras
1 cebolla
1 diente de ajo
1 taza de puré de tomate
1 cucharadita de orégano

Preparación

- Cortar los puerros en fina juliana y lavarlos muy bien.
- Lavar las papas y rallarlas, sin quitarles la piel.
- Colocar el caldo en una cacerola y llevar a fuego lento.

- Cuando esté caliente, incorporar los puerros y las papas ralladas.
- Dejar hervir aproximadamente 1/2 hora.
- Picar la cebolla y el ajo finamente. Incorporarlos al caldo junto con el puré de tomate y el orégano. Dejar hervir 5 minutos más.
- Retirar del fuego y servir.

SOPA DE ARVEJAS

Ingredientes

500 g de arvejas partidas
2 litros de agua
1 taza de apio picado
1 cucharadita de tomillo
1 cucharadita de romero
Sal marina

Preparación

- Poner a remojar las arvejas la noche anterior.
- Al día siguiente escurrirlas, y cocinarlas en una cacerola con el agua indicada y un puñado de sal.
- Añadir el apio picado junto con el tomillo y el romero.
- Dejar cocinar a fuego lento hasta que las arvejas se desintegren formando un puré.
- Servir bien caliente.

SOPA DE REMOLACHAS

Ingredientes

500 g de remolachas
1 litro de caldo de verduras
2 cucharadas de aceite de sésamo
4 cucharadas de harina integral
1 cucharada de perejil picado
Sal marina

Preparación

• Lavar bien las remolachas, cortarlas en rodajas y hervirlas.

• Retirarlas cuando comiencen a tiernizarse; escurrirlas y estofarlas en una cacerola con el aceite de sésamo y un chorrito de agua.

• Agregar, poco a poco y para que no se formen grumos, las cucharadas de harina integral. Remover, siempre suavemente, hasta que la preparación se dore.

• Agregar el caldo, sin dejar de remover.

• Salar y dejar que la preparación alcance el punto de ebullición.

• Retirar la cacerola del fuego e incorporar el perejil picado.

• Servir bien caliente.

SOPA DE SOJA

Ingredientes

200 g de brotes de soja
2 zanahorias
1 cebolla
1 taza de puré de tomate
1 diente de ajo
2 hojas de laurel
3 cucharadas de aceite
Sal marina

Preparación

- Pelar y picar la cebolla y el ajo.
- Pelar y cortar en rodajas las zanahorias.
- Colocar en una cacerola el aceite y llevar a fuego moderado. Añadir los ingredientes anteriormente mencionados.
- Cuando las cebollas y las zanahorias hayan perdido su rigidez, incorporar el puré de tomate, el laurel y salar. Revolver con cuchara de madera y dejar cocinar, en cacerola tapada, durante 20 minutos.
- Si a los 10 minutos de cocción la sopa se viera espesa, agregarle 1 taza de agua y revolver.
- Transcurridos los 20 minutos, añadir los brotes de soja y volver a mezclar.
- Dejar cocinar 10 minutos más, revolviendo de tanto en tanto.
- Retirar del fuego, volver a mezclar y servir.

Platos "informales"

Algunas veces aparecen como entradas y otras, como platos fuertes. En esta ocasión, preferimos distinguirlas como informales ya que, al requerir un mínimo de vajilla tanto para su elaboración como para la presentación, son verdaderas aliadas a la hora de agasajar a más amigos de los que podemos sentar a la mesa.

Empanadas y tartas

DISCOS DE EMPANADA O TARTA: MASA BÁSICA

Ingredientes

500 g de harina integral de trigo
250 g de manteca o margarina
1 taza de agua
2 cucharadas de sal marina

Preparación

• Colocar la harina sobre una mesada de mármol o en un recipiente hondo formando una corona.

• Verter en el hueco central el agua y la manteca o margarina.

• Ir uniendo los ingredientes húmedos y los secos hasta obtener una masa. Salar y seguir trabajando.

• Trabajar la pasta durante 10 minutos. Luego, dejar reposar unos 15 minutos, cubierta con un repasador húmedo.

• A continuación, extenderla sobre la mesada con la ayuda de un palote y cortar discos para tarta o para empanadas, según lo prefiera.

Nota

La cantidad de masa preparada rinde 4 discos para tarta ó 1 docena de discos para empanadas.

EMPANADAS DE CHOCLO

Ingredientes

1 docena de discos para empanada
1 lata de choclo amarillo en granos
1 taza de salsa blanca
1 huevo
1 cebolla
25 g de manteca
Sal marina

Preparación

• Pelar y picar una cebolla. Rehogarla en la manteca hasta que esté dorada.

• Mezclar los granos de choclo con la cebolla bien picada y la salsa blanca, que debe presentar una consistencia algo espesa. Sazonar.

• Batir el huevo.

• Colocar una cucharada del relleno preparado en cada disco de empanada. Mojar los bordes con el huevo batido, y cerrar con un repulgo.

• Pincelar las empanadas con el resto del huevo batido, colocarlas en una placa para horno enmantecada, y pintarlas con el huevo batido que resta.

• Llevar a horno de temperatura moderada durante 20 minutos o hasta que estén doradas.

Salsa blanca ¡super fácil!

Por cada taza de leche disolver en ella una cucharada y media de fécula de maíz. Llevar a fuego moderado, revolviendo constantemente hasta que espese. Retirar del fuego y condimentar con sal, pimienta y nuez moscada.

EMPANADAS DE CEBOLLA

Ingredientes

1 docena de discos para empanada
300 g de ricota
4 cebollas grandes
1 cucharada de orégano
1 huevo
2 cucharadas de aceite de maíz
Sal marina

Preparación

- Pelar y cortar en fina juliana las cebollas.
- Saltearlas en aceite hasta que estén transparentes, sin que lleguen a dorarse.
- Añadir el orégano y la sal. Revolver bien y retirar del fuego.
- Integrar entonces la ricota.
- Batir el huevo.
- Colocar una porción del relleno en cada disco, pintar los bordes con el huevo batido, y cerrar cada empanada con un repulgo.
- Colocar las empanadas en una placa para horno enmantecada y pintarlas con el huevo restante.
- Llevarlas horno de temperatura moderada hasta que estén doradas.

EMPANADAS DE ESPINACA

Ingredientes

1 docena de discos para empanada
1 atado de espinaca
1 cebolla
1 diente de ajo
50 g de queso rallado
1 cucharadita de albahaca fresca, picada
1 taza de salsa blanca
1 huevo
Aceite, a elección

Pimienta negra
Sal marina

Preparación

• Lavar muy bien la espinaca y cocerla al vapor. Una vez a temperatura ambiente, picarla bien fina.

• Pelar y picar finamente la cebolla y rehogarla hasta que esté tierna.

• Incorporar entonces las espinacas y mezclar bien.

• Agregar el queso rallado, la salsa blanca y el ajo, picado bien finito.

• Perfumar con una cucharadita de albahaca, salpimentar y mezclar todo muy bien.

• Colocar una porción del relleno sobre cada disco de masa. Mojar los bordes con el huevo, previamente batido, y armar las empanadas.

• Colocarlas sobre una placa para horno, previamente enmantecada o ligeramente aceitada, y píntelas con el huevo restante.

• Llevar a horno de temperatura moderada hasta que estén doradas.

• Retirar y servir.

EMPANADAS DE PAPA

Ingredientes

1 docena de discos para empanada
4 papas
2 cucharadas de aceite de sésamo
1 cebolla
1 diente de ajo
1 huevo
1 cucharadita de tomillo
Sal marina

Preparación

- Pelar las papas y hervirlas con un puñado de sal.
- Una vez cocidas, retirarlas y hacer un puré, añadiéndoles el aceite de sésamo.
- Picar la cebolla y el ajo bien finitos, e incorporarlos al puré.
- Perfumar con tomillo y sazonar.
- Batir el huevo.
- Colocar una o dos cucharadas del relleno en los discos de masa, pintar los borde y cerrar cada empanada con un repulgo.
- Colocarlas en una placa para horno, previamente enmantecada o aceitada, y pintarlas con lo que reste del huevo batido.
- Llevar a horno de temperatura moderada hasta que estén doradas.

EMPANADAS DE CHAMPIÑONES

Ingredientes

1 docena de discos para empanada
150 g de champiñones
1 tomate
1 ají morrón
1 cebolla
1 cucharadita de perejil picado
1 huevo
Sal marina
Aceite de maíz

Preparación

- Limpiar bien los champiñones y cortarlos en trozos. Colocarlos en un bol con el perejil picado y sal.
- Pelar y picar la cebolla; luego, rehogarla con el aceite.
- Picar el tomate y el ají morrón y añadirlos a la sartén.
- Incorporar los champiñones y cocinar todo durante 15 minutos, a fuego moderado.
- Transcurrido ese tiempo, retirar el relleno, y dejar que se enfríe.
- Batir el huevo.
- Colocar una porción de relleno sobre cada disco y armar las empanadas, mojando los bordes con el huevo batido, para que queden bien cerradas cuando se haga el repulgo.
- Colocar las empanadas en una placa para horno, enmantecada o aceitada, y pintarlas con el huevo restante.
- Llevar a horno de fuego moderado durante hasta que estén doradas.

TARTA DE ZAPALLO

Ingredientes

1 disco de masa para tarta
1 zapallo anco
50 g de crema de leche
1 taza de queso rallado
1 yema de huevo
1 cucharada de salsa de soja
Pimienta negra, nuez moscada
Sal marina

Preparación

- Cortar el zapallo en trozos y hervirlos con un puñado de sal.
- Cuando estén tiernos, retirarlos. Una vez fríos, desechar la cáscara y hacer un puré junto con la yema de huevo.
- Añadir la crema de leche y mezclar bien.
- Condimentar este relleno con la salsa de soja, la pimienta negra, nuez moscada y la sal.
- Colocar el disco de tarta en un molde, previamente aceitado, y verter el relleno de modo uniforme.
- Llevar a horno de temperatura moderada durante 10 minutos. Transcurrido este tiempo, retirar, espolvorear el queso rallado sobre la superficie y volver a introducir en el horno hasta que la cubierta se vea dorada.

TARTA DE RICOTA Y TOMATES

Ingredientes

1 disco de masa para tarta
2 tazas de ricota
1 taza de queso pategrás rallado
2 huevos
2 tomates redondos
3 cucharadas de ajo y perejil
100 g de queso gruyère
Sal marina
Pimienta negra, nuez moscada

Preparación

- Colocar un disco de masa para tarta en un molde, previamente aceitado.
- Reunir en un bol la ricota con la taza de queso pategrás, los huevos el ajo y perejil picados.
- Condimentar con sal, pimienta negra y una pizca de nuez moscada.
- Distribuir este relleno sobre el disco de tarta.
- Lavar los tomates y cortarlos en finas rodajas. Colocar una rodaja al lado de otra cubriendo la superficie de la tarta pero sin encimarlas.
- Rallar el queso gruyère y cubrir los tomates.
- Llevar a horno de temperatura moderada hasta que los bordes estén dorados.

TARTA DE PUERROS

Ingredientes

1 disco de masa para tarta
1/4 kg de puerros
1 cebolla
2 huevos duros
1/2 taza de ricota
3 cucharadas de queso rallado
1 cucharadita de comino
Sal marina
Aceite de girasol

Preparación

- Pelar y picar la cebolla en fina juliana, y rehogarla en una sartén con aceite.
- Cortar finamente los puerros en juliana y lavarlos muy bien. Añadirlos a la sartén con la cebolla y condimentar con comino y sal. Continuar la cocción hasta que los vegetales estén tiernos.
- Retirar del fuego y dejar enfriar.
- Añadir a las verduras la ricota, los huevos duros picados y el queso rallado. Mezclar bien todos los ingredientes.
- Colocar el disco de masa en una tartera, previamente aceitada, y rellenar con la preparación anterior.
- Llevar a horno de fuego moderado durante 20 minutos. Retirar y servir.

TARTA DE ZANAHORIAS I

Ingredientes

1 disco de masa para tarta
4 zanahorias medianas
1 coliflor chica
2 cebollas
1 diente de ajo
1 taza de arroz integral, cocido
1 cucharada de salsa de soja
1 huevo
1 cucharada de germen de trigo
Pimienta negra
Sal marina
Aceite de maíz

Preparación

• Pelar y picar las cebollas; pelar y cortar las zanahorias, la coliflor y el ajo, en trozos pequeños.

• Rehogar los ingredientes mencionados en aceite.

• Añadir el arroz, ya cocido, la salsa de soja, el germen de trigo, la pimienta negra, la sal y el huevo, previamente batido.

• Mezclar muy bien todos los ingredientes. Cocinar por unos minutos, y retirar la sartén del fuego.

• Colocar el disco de masa en una tartera, previamente aceitada. Verter el relleno en forma uniforme y llevar a horno de fuego moderado, durante 25 minutos (o hasta que la masa se vea dorada).

• Transcurrido este tiempo, retirar del horno, espolvorear la superficie con el germen de trigo y servir.

TARTA DE ZANAHORIAS II

Ingredientes

1 disco de masa para tarta
500 g de zanahorias
2 cebollas
50 g de manteca
2 huevos
1 taza de queso rallado
200 g de queso fresco
Pimienta negra, nuez moscada
Sal marina

Preparación

• Pelar las zanahorias, cortarlas en bastoncitos y hervirlas con un puñado de sal.

• Pelar y cortar en cuadraditos las cebollas.

• Rehogarlas en la manteca hasta que estén tiernas, cuidando que no se quemen.

• Una vez tiernas las zanahorias, colarlas y pisarlas hasta obtener un puré.

• Incorporarles entonces las cebollas y la mitad del queso rallado.

• Incorporar la pimienta, nuez moscada y rectificar la sazón.

• Batir los huevos e incorporarlos a la mezcla. Revolver muy bien.

• Espolvorear la base de la masa de tarta con el queso rallado restante y luego volcar el relleno, distribuyéndolo muy bien.

• Llevar a horno de temperatura moderada durante 15 minutos. Retirar, y colocar sobre la superficie el queso mantecoso, previamente cortado en bastoncitos.

• Continuar la cocción hasta que el queso se haya fundido y los bordes de la masa estén sequitos.

TARTA DE ACELGA

Ingredientes

1 disco de masa para tarta
1 atado de acelga
250 g de puerros
1 cebolla
2 dientes de ajo
1 taza de arroz integral, cocido
1 huevo duro
Aceite de oliva
Pimienta negra
Sal marina

Preparación

• Cortar los puerros y las hojas de acelga en juliana (fina, los primeros; gruesa, las segundas).

• Cocinarlos al vapor hasta que estén tiernos.

• Picar finamente la acelga y el puerro cocidos.

• Colocar un poco de aceite en una sartén y rehogar los ingredientes mencionados. Añadir el arroz ya cocido; el ajo y el huevo, picados; y la cebolla, cortada en trozos bien pequeños. Cocinar unos minutos, retirar del fuego y salpimentar.

• Colocar la masa en una tartera, previamente aceitada, y llevar a horno moderado hasta que comience a dorarse.

• Retirar del horno, y cubrir la base con el relleno de acelga, de manera uniforme.

• Llevar a horno de fuego moderado no más de 12 minutos.

• Retirar y servir.

TARTA DE ESPÁRRAGOS

Ingredientes

1 disco de masa para tarta
1 atado de espárragos
3 cebollas de verdeo
1 cebolla
1 ají morrón
3 cucharadas de queso crema
50 g de queso rallado
1 cucharada de perejil picado
Aceite de maíz
Sal marina

Preparación

• Hervir los espárragos, salando apenas el agua, hasta que estén bien tiernos.

• Mientras tanto, limpiar –es decir desechar cáscaras,

raíces y semillas, según corresponda–, lavar y picar la cebolla, las cebollas de verdeo y el ají morrón.

• Luego rehogarlos en aceite bien caliente. Cuando comiencen a dorarse, retirar del fuego.

• En un bol aparte, mezclar el queso crema con el queso rallado, el perejil picado y unas gotitas de aceite.

• Escurrir los espárragos, desechar los troncos duros y hacer un puré con las puntas tiernas.

• Mezclar con este puré la fritura de cebollas y ají.

• Añadir la crema de queso ya preparada. Condimentar con un poco de sal y volver a mezclar.

• Colocar el disco de masa en una tartera, previamente aceitada. Volcar el relleno sobre la base del disco de masa, en forma pareja, y llevar a horno moderado durante 20 ó 25 minutos.

• Transcurrido este tiempo, retirar y servir.

Pizzas

MASA BÁSICA I

Ingredientes

2 tazas de harina
25 g de levadura
1/2 taza de agua tibia
Aceite de oliva
Pimienta negra
Sal

Preparación

- Colocar la harina, sal y pimienta a gusto, en un bol.
- Disolver la levadura en el agua tibia.
- Volcar la levadura en el bol con la harina, revolviendo constantemente con la mano, dejando los dedos abiertos como un batidor.
- De ser necesario incorporar más agua, poco a poco, hasta obtener un bollo pegajoso pero que se desprenda del bol.
- Cubrir con una bolsa de polietileno y dejar leudar en un lugar cálido hasta que duplique su volumen.
- Entonces, untar con aceite de oliva un molde para pizza. Volcar allí el bollo y estirarlo con la ayuda de las manos, que deberán estar mojadas para ese fin.
- Dejar descansar en un lugar tibio, no más de 5 minutos, hasta que la superficie esté ondeada.
- Cocinar en horno precalentado y a temperatura fuer-

te hasta que se despegue del molde. Entonces darla vuelta y dorar lo que va a ser la superficie (5 minutos bastarán).

• Regresar la prepizza a la posición inicial, y pincelar con aceite de oliva, disponer el relleno elegido, el queso, y llevar a horno para que se gratine.

MASA BÁSICA II

Ingredientes

200 g de harina de trigo
50 g de salvado de trigo
15 g de levadura fresca
1 taza de agua tibia
1 pizca de sal
1 cucharadita de aceite

Preparación

• Mezclar la harina de trigo con el salvado.

• Disolver la levadura de cerveza en agua tibia.

• Integrar la levadura con la harina. Amasar bien y realizar un bollo. Dejar leudar, cubierta con una bolsa de polietileno para que se concentre el calor.

• Una vez que el bollo de masa duplicó su amaño, agregar la harina integral y el salvado junto con el aceite, una pizca de sal y un poco de agua tibia para formar una masa blanda. Dejar leudar nuevamente de la manera que se indicó.

• Luego, estirar el bollo alisándolo con un palo de amasar.

• Colocar la masa estirada en una pizzera y llevar a horno caliente durante 30 minutos.

• Retirar del horno y añadir los ingredientes que se hayan elegido para preparar la pizza.

PIZZA DE BERENJENAS

Ingredientes

1 prepizza
1 lata de tomate
5 orejones de tomate en conserva[1]
150 g de queso muzzarella, rallado o en láminas
2 berenjenas, cortadas en rodajas
1 cebolla, cortada en rodajas
3 dientes de ajo, pelados
Aceitunas negras
Aceite de oliva
Pimienta negra, tomillo
Sal

Preparación

• En una placa para horno aceitada, colocar las rodajas de berenjenas y pintarlas con aceite de oliva, perfumado con los dientes de ajo.

[1] *Deje macerar los orejones de tomate en aceite de oliva con ajo y tomillo dos o tres días antes de empezar a utilizarlos. Puede utilizar el aceite de la conserva para pincelar la masa de prepizza antes de incorporar los ingredientes.*

• Hornearlas por ambos lados, en horno de temperatura moderada, teniendo cuidado de que no se rompan al voltearlas.

• En una sartén con una cuchara de aceite rehogar la cebolla, salpimentar, apagar el fuego y dejar enfriar.

• Procesar los orejones con los tomates de lata (reserve el jugo para otra receta). Condimentar con sal, pimienta y tomillo.

• Distribuir sobre la prepizza los ingredientes en el orden que sigue: la salsa de tomates, la cebolla rehogada, las berenjenas asadas, la muzzarella. Llevar a horno de temperatura elevada hasta que el queso se funda.

• Antes de servir, distribuir las aceitunas como decoración.

PIZZA DE AJÍES

Ingredientes

1 prepizza cruda
6 ajíes verdes
3 dientes de ajo
1 cucharada de aceite de oliva
150 g de queso provolone, rallado
Pimienta
Sal marina

Preparación

• Encender las hornallas a fuego moderado y cocinar los ajíes, de uno en uno y directamente sobre las llamas, hasta que se ennegrezca su superficie. Luego, ponerlos bajo el chorro de agua fría y pelarlos.

• Picar los dientes de ajo y mezclarlos con el aceite.

• Cortar los ajíes en tiras gruesas, y aderezarlas con el aceite perfumado. Salpimentar.

• Distribuir sobre la superficie cruda de la prepizza las tiras de ají.

• Llevar a horno de temperatura fuerte y, en cuanto los bordes empiecen a secarse, retirar, distribuir el queso provolone y regresar al horno para que se gratine.

PIZZA DE QUESO CON SÉSAMO

Ingredientes

1 prepizza
1 pote chico de queso blanco
150 g de queso pategrás, rallado
2 cucharadas de semillas de sésamo
3 cebollas de verdeo
2 cucharadas de crema de leche
Pimienta negra
Sal marina

Preparación

• Cortar en fina juliana las cebollas de verdeo (desechando las raíces y las partes duras de las hojas), y lavarlas muy bien.

• Colocar en un bol la picadura e incorporar el queso blanco, la crema de leche, el queso pategrás rallado, una pizca de sal y la pimienta. Mezclar muy bien todos los ingredientes.

• Untar la masa precocida con la preparación y volver al horno durante algunos minutos para que se termine de dorar.

• Retirar, decorar con las semillas de sésamo y servir.

PIZZA DE ESPINACAS

Ingredientes

1 prepizza
1 atado de espinacas
1 cebolla
25 g de manteca
1 taza de salsa blanca
200 g de muzzarella o queso cremoso
Aceite de oliva
Pimienta negra
Sal

Preparación

• Limpiar, lavar y cocer la vapor o blanquear las hojas de espinaca.

- Escurrirlas ligeramente y picarlas.
- Pelar y cortar en cuadraditos la cebolla.
- Rehogarla en la manteca, cuidando que no se queme.
- Integrar las espinacas picadas, las cebollas rehogadas, la salsa blanca y salpimentar.
- Cubrir la superficie del disco de pizza –precocido de ambos lados y pincelado con aceite de oliva–, y distribuir el queso, previamente cortado en cubitos o en bastoncitos.
- Llevar a horno de temperatura elevada hasta que el queso se funda.

Platos principales

MILANESAS DE BERENJENA

Ingredientes

6 berenjenas
1 taza de pan rallado
2 huevos
1 cucharadita de comino
1 cucharadita de salsa de soja
Aceite de maíz
Sal marina

Preparación

- Lavar bien las berenjenas y cortarlas en rebanadas, a lo largo, sin pelarlas.
- Condimentarlas con una pizca de sal, el comino y la salsa de soja.
- Dejarlas reposar unos minutos.
- Batir los huevos.
- Pasar las berenjenas por huevo y pan rallado.
- Colocar aceite en una sartén y, cuando esté bien caliente, cocinar las milanesas.
- Retirarlas cuando estén doradas, y escurrirlas sobre un papel absorbente.

MILANESAS DE SOJA

Ingredientes

2 tazas de harina de soja
1 y 1/2 taza de harina integral
1 diente de ajo
1 cucharadita de perejil picado
2 huevos
Pan rallado
Aceite de maíz
Sal marina

Preparación

- Mezclar en un bol las harinas, y volcarlas sobre la mesada.
- Incorporarles, poco a poco, chorritos de agua para ir formando una masa.
- Añadir el ajo y el perejil picados, y una pizca de sal.
- Amasar hasta que se logre una pasta consistente y maleable, y formar las milanesas con esta pasta.
- Colocar agua en una cacerola y llevarla a fuego para que hierva.
- Sumergir las milanesas y dejar que se cocinen de 12 a 15 minutos.
- Pasado este tiempo, retirarlas con sumo cuidado para que no se quiebren.
- Batir los huevos, y pasar las milanesas por el batido, y luego por pan rallado.
- Aceitar una fuente para horno y acomodar allí las milanesas.

• Llevarlas a horno de temperatura moderada, y cocinarlas hasta que estén doradas de ambos lados (no más de 20 minutos).
• Retirar y servir.

HAMBURGUESAS DE POROTO ADUKI Y ARROZ

Ingredientes

2 1/2 tazas de arroz integral, cocido
1 taza de porotos aduki, cocidos[1]
1 cebolla grande
2 cebollas de verdeo
2 cucharadas de harina de trigo
1 cucharada de ajo y perejil picados
Pimienta negra
Sal marina

Preparación

• Procesar el arroz y los porotos.
• Pelar y picar finamente las cebollas. Rehogarlas.
• Procesar el arroz, los porotos y las cebollas.
• Incorporar el ajo y perejil, y la harina. Salpimentar.
• Moldear las hamburguesas, colocarlas en una placa para horno previamente aceitada y hornearlas durante 15 minutos.

[1] *Remojarlos durante la noche y cocinarlos con un trocito de alga kombu, antes de utilizarlos.*

HAMBURGUESAS DE ARROZ

Ingredientes

200 g de arroz de grano largo
1/2 ají morrón
1 cebolla
3 cucharadas de aceite
1/2 cucharada de pimentón dulce
1 cucharada de perejil picado
2 huevos
Pan rallado
Aceite
Pimienta negra
Sal

Preparación

- Desechar las semillas del ají, pelar la cebolla, y picar todo finamente.
- Calentar el aceite y rehogarlos.
- Añadir el pimentón en polvo y cocinar otro minuto más.
- Añadir el arroz, medio litro de agua y salpimentar.
- Cocinar 20 minutos, o hasta que el arroz absorba todo el agua, e incorporar el perejil picado.
- Espolvorearse las manos con harina y moldear hamburguesas con el arroz. Dejarlas enfriar.
- Finalmente, pasarlas por los huevos batidos y rebozarlas en el pan rallado.
- Calentar aceite en una sartén y freírlas 2 minutos por cada lado.

GUISO DE SOJA Y SALVADO

Ingredientes

2 tazas de brotes de soja
2 batatas
2 papas
2 zanahorias
1 cebolla
3 puerros
1 taza de arvejas cocidas
1 diente de ajo
1 cucharada de salvado de avena
1 cucharada de salsa de soja
3 cucharadas de aceite de girasol
Sal marina

Preparación

• Pelar y cortar las papas y batatas en cubos chicos, y las zanahorias y los puerros, en juliana.

• Ponerlos en una cacerola con agua y un puñado de sal, y llevar a fuego moderado.

• Pelar y picar la cebolla y el ajo, y saltearlos.

• Cuando las verduras estén tiernas, colarlas e incorporarlas al rehogado.

• Añadir el salvado de avena, un poco de sal y media taza de agua.

• Tapar la cacerola y cocinar durante 15 minutos a fuego mínimo.

• Pasado ese tiempo, añadir los brotes de soja y las arvejas, y sazonar con la salsa de soja.

• Continuar la cocción durante 10 minutos, revolviendo de tanto en tanto para que la preparación no se pegue.

CHOP SUEY

Ingredientes

2 cebollas
1 tallo de apio
1 ají morrón
2 zucchinis
3 zanahorias
250 g de chauchas
1 lata de champiñones
2 cucharadas de aceite
1/2 taza de agua o caldo de verduras
1 cucharada de fécula de maíz
2 tazas de brotes de soja
Pimienta negra
Sal
Salsa de soja

Preparación

• Limpiar las verduras, quitándoles las cáscaras y semillas.

• Cortarlas en bastoncitos muy finos, casi hebras.

• Poner el aceite en una cacerola y rehogar la cebolla, el apio y la zanahoria. Revolver unos minutos e incorporar las demás verduras y el agua o caldo.

• Cuando comience a hervir, incorporar los brotes tiernos y la fécula de maíz disuelta en agua con una cucharada de salsa de soja. Salpimentar.

• Cocinar unos minutos hasta que la salsa se espese.

• Recuerde que las verduras deben quedar casi crudas. Servir con arroz blanco.

MUSAKA GRIEGA[2]

__Ingredientes__

4 ó 5 berenjenas
500 g de garbanzos, cocidos y picados
1 lata de tomate natural, triturado
2 cebollas picadas
1 hoja de laurel
2 dientes de ajo, picadísimo
1/2 taza de queso parmesano, rallado
Harina
Aceite
Salsa blanca ligera
Sal, pimienta

__Preparación__

• Lavar, limpiar y cortar las berenjenas en rodajas de 1 cm de grosor. Sumergirlas en abundante agua con sal.

• Mientras tanto, pelar y picar las cebollas. Calentar 1

[2] *Para adaptar esta receta tradicional a la cocina vegetariana hemos reemplazado la carne picada de la original por un picadillo de garbanzos.*

taza de aceite y sofreír la cebolla picada hasta que quede transparente. Añadir los garbanzos picados y continuar la cocción durante 10 minutos.

• Añadir el tomate, el ajo picado, la hoja de laurel, sal y pimienta, y dejar hervir durante unos 45 minutos, a fuego lento.

• Escurrir las berenjenas, pasar las rodajas por harina y freírlas en abundante aceite hirviendo.

• En una fuente apta para horno, rectangular, colocar una capa de berenjenas y sazonar con sal y pimienta.

• Cubrir con la mezcla de garbanzos picados y extender por encima el resto de las berenjenas, sazonando de nuevo con sal y pimienta.

• Recubrir con la salsa blanca y, por último, esparcir el queso rallado.

• Cocinar en horno a temperatura fuerte durante unos 15 minutos. Dejar que se enfríe un poco antes de servir.

LOCRO DE MAÍZ Y SOJA

Ingredientes

250 g de maíz partido
2 latas de choclo amarillo en grano
250 g de porotos de soja
1 kg de zapallo
2 zanahorias
Pimentón dulce
Pimienta negra
Sal marina

Para la salsa
2 cebollas de verdeo
1 ají morrón
2 cucharadas de aceite
Sal marina, pimienta negra

Preparación

- Poner a remojar la soja y el maíz la noche anterior.
- Lavarlos y, con agua fresca, llevar a fuego mediano. A mitad de cocción, incorporar el zapallo, cortado en cubos, y las zanahorias, en juliana.
- Finalmente, incorporar el choclo, y condimentar con sal, pimienta negra y pimentón dulce.
- Para la salsa, rehogar las cebollas de verdeo y el ají, cortado en tiritas, hasta que estén tiernos. Salpimentarlos y servirlos sobre cada ración de locro.

VEGETALES ASADOS AL HORNO

Ingredientes
1 kg de papas
500 g de cebollas rojas
500 g de tomates
500 g de berenjenas
5 dientes de ajo
Perejil
Sal de hierbas
4 cucharadas de aceite de oliva

Preparación

- Lavar y pelar las verduras.
- Cortar todo en rodajas de 1 cm de grosor, y sazonar a gusto.
- Pelar los dientes de ajo y picarlos finamente junto con el perejil.
- Encender el horno a temperatura moderada para que se precaliente.
- En una cazuela de barro o una bandeja grande, apta para horno, colocar las rodajas por capas –papas, cebollas, berenjenas, tomates–, espolvoreando cada vez con el ajo y perejil picados, y rociando todo muy bien con el aceite de oliva. (Trate de que la última capa sea de papas.)
- Llevar a horno durante treinta minutos o hasta que las verduras estén tiernas y doradas.

BERENJENAS RELLENAS

Ingredientes

2 berenjenas
2 ajíes verdes
3 tomates
1 tallo de apio
1 cebolla
2 huevos
50 g de queso rallado
Aceite de maíz

Pimienta negra
Sal

<u>*Preparación*</u>

- Lavar las berenjenas; partirlas por la mitad, a lo largo; vaciar la pulpa, y reservarla.
- Untar una fuente de horno con aceite y poner en ella las berenjenas.
- Pelar y picar la cebolla.
- Lavar y picar los ajíes.
- Lavar el apio y cortarlo finamente.
- Lavar los tomates y cortarlos en juliana.
- En una sartén con un poco de aceite, sofreír primero la cebolla hasta que esté transparente y luego, añadir el resto de las verduras.
- Cuando todo esté bien sofrito, salpimentar y dejar cocinar 10 minutos más.
- Retirar del fuego y añadir los huevos, removiendo muy bien con una cuchara de madera.
- Desmigar bien la pulpa de las berenjenas reservadas e integrar al relleno.
- Rellenar las berenjenas con esta mezcla y espolvorear con queso rallado.
- Gratinar en horno de temperatura elevada.

BERENJENAS ASADAS A LA PARRILLA

Ingredientes

4 berenjenas
1 cebolla grande
Hojas de lechuga
Aceite de oliva
Sal marina, orégano

Preparación

- Lavar las berenjenas y asarlas en la parrilla o sobre las brasas a fuego lento, dándolas vuelta de modo que se cocinen parejas.
- Una vez cocidas, pelarlas.
- Pelar la cebolla y picarla finamente, junto con la carne de las berenjenas.
- Condimentar –sal, orégano, aceite de oliva–, y servir sobre hojas de lechuga.

RATATUILLE DE MOLDE

Ingredientes

1 berenjena pequeña
1 ají morrón
1 ají verde
2 zanahorias
2 tomates
2 zucchinis

2 cebollas
3 huevos
Aceite de oliva, manteca,
pan rallado, cantidad necesaria
Tomillo fresco, pimienta negra,
sal, a gusto

Preparación

• Pelar y cortar las cebollas en cuadraditos.

• Rehogarla en una sartén con un poco de aceite.

• Lavar y cortar en cuadraditos la carne de los ajíes, de los zucchinis, de la berenjena y de las zanahorias.

• Lavar y picar los tomates.

• Incorporar las zanahorias, ajíes y berenjenas a la cebolla, cuando esté casi traslúcida.

• Cinco minutos más tarde, agregar los zucchinis y los tomates.

• Condimentar con el tomillo fresco, sal y pimienta negra.

• Remover bien los ingredientes y dejar cocer a fuego bajo hasta que las verduras estén tiernas.

• Enmantecar y empanar una fuente apta para horno.

• Entonces, retirar las verduras del fuego e incorporar los huevos, previamente batidos.

• Verter en la fuente apta para horno, y hornear a temperatura moderada hasta que los huevos cuajen.

• Retirar del horno, y servir tibio.

CALABAZAS RELLENAS I

Ingredientes

2 zapallos anco (o calabazas) medianos
2 cebollas grandes
2 tazas de arroz integral, hervido
Sal marina
Pimienta negra o jengibre molido
Aceite de maíz

Preparación

- Lavar muy bien las calabazas, y cortarlas por la mitad, a lo largo.
- Sacarles las semillas y ahuecar el sector que tiene pulpa.
- Pelar y picar las cebollas. Rehogarlas en una sartén y, cuando estén doradas, agregarles el arroz.
- Condimentar con sal y pimienta o jengibre, a gusto.
- Con este preparado rellenar las cuatro mitades de las calabazas.
- En una asadera colocar un dedo de agua con un chorrito de aceite de maíz y poner las calabazas rellenas.
- Finalmente, llevarlas a horno precalentado y cocinarlas a fuego moderado.

CALABAZAS RELLENAS II

Ingredientes

2 zapallos anco (o calabazas) medianos
1 atado de espinacas
1 lata de choclo amarillo en grano
2 tazas de salsa blanca
200 g de queso cremoso
Sal, pimienta negra, nuez moscada
Aceite de maíz

Preparación

- Lavar y cortar por la mitad, a lo largo, las calabazas.
- Quitarles las semillas y colocar las mitades en una fuente para horno, con 2 cm de agua y un chorrito de aceite.
- Llevar a horno de temperatura moderada hasta que la carne de las calabazas esté tierna.
- Mientras tanto, blanquear las espinacas, y picarlas finamente.
- Incorporarlas a la salsa blanca junto con el choclo. Sazonar con la sal, pimienta y nuez moscada.
- Una vez cocidas las calabazas, retirarlas del horno, y rellenarlas con la crema de verduras.
- Disponer encima de cada una, bastoncitos de queso cremoso y gratinar en horno fuerte.

Pastas

MASA BÁSICA PARA PASTAS RELLENAS INTEGRALES

Ingredientes

2 tazas de harina integral
1 taza de harina de trigo
2 cucharadas de aceite de maíz
2 huevos
Sal marina
Agua

Preparación

- Mezclar las harinas y colocarlas sobre una mesada o tabla para amasar, formando una corona.
- Volcar en el centro los huevos, el aceite y la sal.
- Unificar los ingredientes amasándolos y agregando tanta agua cuanta sea necesaria para obtener una masa elástica y firme.
- Dejar que la masa repose durante 30 minutos.
- Finalmente, estirarla con el palo de amasar y llevarla al grosor que se desee de acuerdo con el tipo de pasta que se va a preparar.

ÑOQUIS DE REMOLACHA

Con esta misma receta pueden preparar ñoquis de zanahoria, papa o zapallo.

Ingredientes

500 g de remolachas
250 g de ricota
150 g de harina integral
1 huevo
1 cucharada de aceite de maíz
1 cucharadita de germen de trigo
Pimienta negra
Sal marina

Preparación

- Lavar bien las remolachas, cortarlas en daditos y cocerlas en agua con un poco de sal.
- Cuando estén bien tiernas, escurrirlas y pisarlas formando un puré bien homogéneo.
- Incorporar la ricota y el germen de trigo al puré de remolachas, mezclando bien los ingredientes.
- Integrar el huevo, el aceite, y condimentar a gusto. Mezclar bien. Añadir la harina integral poco a poco hasta que la masa tome consistencia.
- Hacer bastoncitos con la masa y cortar porciones pequeñitas.
- Cocinar en abundante agua hirviendo.
- En cuanto floten, con la ayuda de una espumadera, llevarlos a la cacerola con la salsa. Cocinar durante 1 minuto, y servir.

ÑOQUIS DE RICOTA Y ESPINACAS

Ingredientes

500 g de ricota
3 atados de espinacas (blanqueados o ligeramente cocidos al vapor)
1 yema de huevo
Queso parmesano,
sal, pimienta negra, a gusto
Harina y/o sémola, cantidad necesaria

Preparación

- Picar o procesar groseramente las espinacas.
- En un bol, integrar la ricota, la yema, la verdura y el queso. Salpimentar.
- Agregar partes iguales de harina y sémola –o sólo harina, o sólo sémola– hasta obtener una masa tierna.
- Con la mesa limpia, amasar "choricitos" de un ancho no mayor que un pulgar.
- Cortar pequeñas porciones y espolvorearlas con abundante harina o sémola para que no se peguen.
- Poner abundante agua en una cacerola y llevar a fuego fuerte para que hierva.
- Cuando rompa el hervor y antes de echar la pasta, incorporar un puñado de sal gruesa.
- Cuando los ñoquis floten, sacarlos con una espumadera y volcarlos en la cacerola con la salsa que se haya elegido.
- También se puede tener una sartén con aceite de oliva y freírlos durante un minuto. Luego se los escurre y se decora con el queso que guste.

PENNE RIGATE CON ZUCCHINIS Y CEBOLLAS

Ingredientes

350 g de pasta
500 g de zucchinis
2 cebollas
25 g de manteca
1 pocillo de aceite de oliva
Sal, pimienta negra, a gusto

Preparación

- Lavar los zucchinis, pelar las cebollas y cortar todo en cubitos y cuadraditos.
- En una sartén, calentar el aceite y la manteca.
- Dorar en ese medio graso las verduras a fuego fuerte.
- Cuando empiecen a tiernizarse, bajar la intensidad de la llama y tapar la sartén.
- Continuar la cocción durante 10 minutos.
- Cocinar la pasta en abundante agua hirviendo.
- Cuando estén al dente, escurrirlas y echarlas en la sartén junto con las verduras.
- Cocinar un minuto a fuego mediano; condimentar con sal, pimienta negra y servir.

Panes, budines y bizcochos

PAN DE TRIGO INTEGRAL

Ingredientes

1 kg de harina de trigo integral
40 g de levadura de cerveza
1 l de agua tibia
1 cucharada de sal marina
2 cucharadas de aceite de oliva

Preparación

• En un bol grande, disolver la levadura de cerveza con el agua tibia. Agregar la sal, el aceite y mezclar bien.

• Colocar la harina en un bol, formando una corona. Incorporar lentamente el batido de levadura, revolviendo con una cuchara de madera, hasta lograr una masa consistente.

• Dejar reposar la masa en un lugar cálido, cubriendo el bol. Cubra el bol que la contiene con una bolsa de polietileno.

• Cuando haya duplicado su volumen, enharinar la mesada, y trabajar allí la masa durante 15 minutos, espolvoreándola cada tanto con un poco de harina integral.

• Aceitar y enharinar una placa para horno.

• Cortar la masa obtenida en porciones, moldearlas como pancitos y colocarlas en la placa

• Llevar a horno de temperatura moderada durante 40 minutos.

PAN DE SOJA

Ingredientes

150 g de harina de soja
150 g de salvado
30 g de levadura fresca
1/4 l de agua tibia
1/2 cucharadita de sal marina

Preparación

• Disolver la levadura en el agua tibia.

• En un bol grande verter la harina de soja y el salvado, mezclando bien ambos ingredientes, formando luego una corona. Incorporar la sal.

• En el centro, verter la levadura.

• Con una cuchara de madera, al principio, y luego con las manos, trabajar los ingredientes hasta formar una masa sin grumos.

• Envolver el recipiente en una bolsa de polietileno.

• Dejar levar la masa durante unos minutos en un lugar cálido.

• Una vez que la masa haya duplicado su tamaño, cortarla en porciones, y darles la forma de pancitos.

• Aceitar y enharinar una placa para horno. Colocar allí los panes y dejar leudar nuevamente.

• Cocinar en horno de temperatura elevada, durante 20 minutos. Reducir la temperatura a moderada y dejar cocinar durante 10 minutos más.

PAN DE MAÍZ

Ingredientes

150 g de harina de maíz
300 g de harina de trigo
50 g de levadura fresca
1/4 l de leche tibia
100 g de manteca, semiderretida
150 g de azúcar
1 huevo batido

Preparación

• En un bol con leche tibia disolver la levadura.

• Mezclar las harinas y tamizarlas. Colocarlas en un bol, formando una corona.

• Verter en el centro la levadura, la manteca semiderretida y el azúcar.

• Unir con cuchara de madera, muy lentamente, para evitar la formación de grumos.

• Una vez que los ingredientes se hayan integrado en una masa homogénea, formar un bollo y cortarlo en tres porciones. Amasarlas unos minutos más y darles forma de pan alargado.

• Mientras tanto, enmantecar y enharinar una placa para horno.

• Colocar allí los panes, y dejarlos leudar durante 15 ó 20 minutos, en un lugar cálido y cubiertos con una bolsa de polietileno.

• Pintar con huevo batido y cocinar en horno de temperatura moderada durante 20 minutos.

PAN DE VERDURA

Ingredientes

1 kg de harina
100 g de manteca
1 huevo
600 cc de agua
2 cucharadas de sal
100 g de verdura (a elección)
100 g de levadura
2 cucharadas de azúcar
3 cucharadas de harina
3 cucharadas de agua tibia

Preparación

• Trabajar la levadura y el azúcar con cuchara de madera hasta que quede líquida (primero se endurece, y después se licúa sola).

• Agregar entonces las 3 cucharadas de harina y las de agua tibia; homogeneizar y dejar leudar hasta que duplique su tamaño.

• Sobre la mesada disponer en forma de corona la harina tamizada con la sal; y en el centro, el resto de los ingredientes.

• Derretir la manteca y luego agregarle el agua fría. Entonces, reunir con la levadura.

• Unificar los ingredientes hasta formar un bollo. Amasar muy bien y golpear la masa contra la mesada varias veces.

• Dejar descansar en un lugar cálido, cubierta con un lienzo, hasta que duplique su tamaño.

• Golpearla nuevamente hasta que baje totalmente.

• Enmantecar y enharinar un molde para budín inglés y colocar allí la masa.

• Pintar con huevo batido, y cocinar en horno de temperatura moderada durante 25 minutos.

Sugerencia

Si desea formar pancitos, trate de que no excedan los 50 g cada uno. Colóquelos sobre placas enmantecadas y enharinadas, bien cerca unos de otros, para que al leudar se peguen.

PAN DE AVENA

Ingredientes

1/2 kg de harina de trigo
50 g de avena molida
1 cucharada de bicarbonato de sodio
1 taza de leche tibia
1 cucharada de sal marina
50 g de manteca
Manteca derretida, para pintar los panes

Preparación

• Colocar en un bol grande la harina de trigo, previamente tamizada, junto con la sal y el bicarbonato, formando una corona.

• Colocar en el centro la manteca y deshacerla con la harina, trabajándola con los dedos, hasta obtener una mezcla "grumosa".

• Incorporar la avena molida.

• Hacer un hoyo en el centro, y verter la leche tibia, poco a poco, uniendo los ingredientes, formando un bollo tierno.

• Cortar porciones de masa y moldearlas como panes.

• Colocarlos en una placa para horno, previamente enmantecada y enharinada.

• Pincelar la superficie de los panes con manteca derretida, y llevar a horno de temperatura moderada durante 30 minutos.

BUDÍN DE ZANAHORIAS

Ingredientes

1 taza de harina leudante
1 taza de harina común
1 cucharada de bicarbonato de sodio
2 cucharadas de canela
2 cucharadas de nuez moscada
1 taza de azúcar negro
1 taza de aceite
4 huevos
100 g de crema de leche
3 tazas de zanahoria rallada

Para la cubierta

60 g de queso crema
30 g de manteca
1 cucharada de ralladura de cáscara de limón
1 1/2 taza de azúcar impalpable

Preparación

• Colocar las harinas, el bicarbonato, la canela y la nuez moscada en un bol grande.
• Agregar el azúcar y el aceite, y revolver bien.
• Batir, en otro bol, los huevos y la crema.
• Agregar el batido a las harinas, y mezclar suavemente.
• Incorporar las zanahorias ralladas y volver a mezclar.
• Colocar la preparación en una budinera enmantecada y enharinada.

• Cocinar en horno de temperatura moderada durante 45 minutos.

• Retirar y dejar enfriar antes de decorar.

• Para la cubierta: mezclar el queso crema con la manteca, la ralladura de limón, el azúcar, y untar con esta crema el budín.

BIZCOCHOS DE TRIGO INTEGRAL

Con esta misma receta pueden preparar bizcochos de maíz o centeno integral.

Ingredientes

1 taza de harina de trigo
1/2 taza de avena arrollada
1 cucharada de aceite de sésamo
1 cucharada de semillas de sésamo
3 cucharadas de almendras picadas
2 cucharaditas de sal marina
Agua, cantidad necesaria

Preparación

• Colocar en un bol la harina de trigo junto con la avena, las semillas de sésamo y la sal marina. Mezclar bien.

• Añadir el aceite de sésamo y las almendras picadas.

• Incorporar poco a poco el agua, y revolver suavemente hasta que la masa esté "chirle".

• Aceitar una placa para horno.

• Tomar cucharadas de la masa y acomodarlas en la placa, dejando suficiente separación entre porción y porción.

• Llevar a horno fuerte durante 10 minutos y luego bajar a moderado. Continuar la cocción durante 15 minutos más o hasta que los bizcochos estén opacos.

Postres

MANZANAS CON CUBIERTA CROCANTE

Ingredientes

2 manzanas verdes grandes
1 taza de azúcar negra
1/2 taza de avena arrollada
75 g de manteca
Crema Chantilly

Preparación

- Enmantecar una fuente, apta para horno.
- Pelar las manzanas con un pelapapas y luego cortar su carne en láminas (también con el pelapapas), cubriendo la base de la fuente.
- Mezclar el azúcar, la avena y desmenuzar groseramente la manteca.
- Verter esta mezcla sobre las manzanas.
- Llevar a horno de temperatura moderada hasta que el azúcar se haya caramelizado.
- Servir tibio o frío con un copete de crema Chantilly.

MANDARINAS RELLENAS

Ingredientes

5 mandarinas grandes
1 paquete de gelatina de naranjas chico
250 g de crema Chantilly
1 cucharada de mermelada de damascos
10 hojas de menta

Preparación

- Quitarles una tapita a las mandarinas y vaciarlas sin dañar la cáscara.
- Desechar la piel de los gajos, las semillas, y procesar la pulpa.
- Pintar las cáscaras que servirán de recipiente con la mermelada.
- Hidratar la gelatina con la mitad del agua caliente sugerida en el paquete.
- Incorporar la pulpa procesada, la crema Chantilly (reservando una parte para decorar). Batir muy bien los ingredientes para homogeneizar la mezcla.
- Verter dentro de las cáscaras y llevar a la heladera, por lo menos durante 2 horas.
- Antes de servir, decorar con la crema Chantilly reservada y hojas de menta.

FLAN DE CALABAZA

Ingredientes

1 kg de zapallo anco (calabaza)
1/2 litro de leche
1 cucharada de crema de leche
150 g de azúcar
2 sobres de gelatina sin sabor
1 cucharada de esencia de vainilla
2 cucharadas de ralladura de naranja

Preparación

- Pelar y cortar la calabaza en cubos, y hervirla.
- Cuando esté bien tierna, escurrirla y licuar o pisarla hasta obtener un puré cremoso.
- Verter en una cacerolita y añadirle la esencia de vainilla, el azúcar, la crema de leche, la leche y la ralladura de naranja.
- Llevar a fuego moderado y revolver hasta que rompa el hervor. Entonces, retirar del fuego.
- Hidratar los sobres de gelatina sin sabor en un pocillo de agua fría. Llevar a fuego suave, hasta que quede traslúcida (es decir, hasta que se disuelva completamente).
- Integrar a la crema de calabaza y verter en una flanera, previamente acaramelada.
- Llevar a la heladera hasta el momento de servir (como mínimo, necesita unas 3 horas de frío).

MOUSSE DE DAMASCOS

Ingredientes

1 kg de damascos
1 pote de yogur de duraznos
3 claras de huevo
2 cucharaditas de miel

Preparación

- Lavar muy bien los damascos, cortarlos por la mitad y retirarles los carozos.
- Colocar los damascos en el vaso de la licuadora y procesar.
- Incorporar el yogur, la miel y volver a licuar.
- Batir las claras a nieve.
- Verter el licuado en un bol, y añadir las claras con movimientos envolventes.
- Colocar en copas individuales y llevar a la heladera hasta el momento de servir.

TARTA DE LIMÓN

Ingredientes

Para la masa
120 g de harina
70 g de manteca
Agua helada, cantidad necesaria

Para el relleno
2 limones grandes
150 g de azúcar
2 huevos
2 cucharadas de crema de leche
Cáscara de 1 naranja, en tiritas
Jugo de 1 naranja
4 cucharadas soperas de azúcar

Preparación

- Precalentar el horno.
- Colocar la harina en un bol y añadir la manteca.
- Deshacer la manteca con la punta de los dedos hasta que se forme una masa. Agregar poco a poco agua fría para ligar.
- Estirar la masa sobre la mesada enharinada hasta que tenga la medida necesaria para cubrir una tartera (previamente enmantecada y enharinada).
- Con un tenedor pinchar la base, y llevar a horno fuerte durante 15 minutos, o hasta que la masa se vea opaca. Como la masa no lleva huevos ni bicarbonato, el color dorado indicará que se ha sobrepasado el tiempo de cocción.
- Retirar del horno y reservar.
- Bajar la temperatura del horno a moderada.
- Para preparar el relleno, rallar la cáscara de los limones bien finita y colocarla en un bol.
- Exprimir los limones y verter el jugo sobre la ralladura.
- Añadir los huevos, el azúcar, y mezclar bien.

• Incorporar la crema de leche y batir la preparación hasta obtener una crema homogénea y consistente.

• Verter en la tartera, bajar el fuego a mínimo y llevar a horno. Cuando el relleno esté firme al tocarlo en el centro, retirar la tarta.

• Dejar enfriar a temperatura ambiente, y luego llevar a la heladera hasta el momento de servir.

• Decorar la superficie con tiritas de naranja, carameli-zadas con el jugo y el azúcar.

GRANOLA

Ingredientes

1/2 kg de avena
50 g de manteca
100 g de almendras, tostadas y picadas
1 cucharada de germen de trigo
50 g de pasas
Miel

Preparación

• Colocar la manteca en una cacerola y llevar a fuego moderado.

• Incorporar la avena y cocinar hasta que se tueste. (La avena estará tostada cuando se vuelva marrón claro.)

• Añadir las almendras picadas, el germen de trigo y las pasas.

• Agregar miel a gusto y mezclar bien los ingredientes.

Índice

Introducción 3

ENTRADAS

Entradas frías 9

Ensalada de soja 9

Ensalada de rabanitos 10

Ensalada de garbanzos 10

Ensalada de remolachas 11

Ensalada de tomates 12

Ensalada de repollo 12

Ensalada de alfalfa 13

Ensalada de choclos 14

Ensalada de coliflor 14

Ensalada de pepinos 15

Ensalada de champiñones 16

Ensalada de apio 16

Ensalada de zapallitos 17

Paté de berenjenas 18

Entradas calientes 19

Buñuelos de acelga 19

Croquetas de arroz integral 20

Papas al repollo 21

Alcauciles al ajillo 22

Zanahorias al verdeo 22

Puré de bróccoli al mijo 24

Omelette de espárragos al romero 25

Espárragos gratinados al sésamo 26

Rodajas de papa al roquefort 26

Sopas 28

Sopa de arroz al tamari 28

Sopa de cebolla y mijo 28

Sopa de tomates 29
Sopa de repollo 30
Sopa de puerros 31
Sopa de arvejas 32
Sopa de remolachas 33
Sopa de soja 34

PLATOS "INFORMALES"
Empanadas y tartas 35
Discos de empanada o tarta: masa básica 35
Empanadas de choclo 36
Empanadas de cebolla 37
Empanadas de espinaca 38
Empanadas de papa 40
Empanadas de champiñones 41
Tarta de zapallo 42
Tarta de ricota y tomates 43
Tarta de puerros 44
Tarta de zanahorias I 45
Tarta de zanahorias II 46
Tarta de acelga 47
Tarta de espárragos 48
Pizzas 50
Masa básica I 50
Masa básica II 51
Pizza de berenjenas 52
Pizza de ajíes 53
Pizza de queso con sésamo 54
Pizza de espinacas 55

PLATOS PRINCIPALES
Milanesas de berenjena 57
Milanesas de soja 58
Hamburguesas de poroto aduki y arroz 59

Hamburguesas de arroz 60
Guiso de soja y salvado 61
Chop Suey 62
Musaka griega 63
Locro de maíz y soja 64
Vegetales asados al horno 65
Berenjenas rellenas 66
Berenjenas asadas a la parrilla 68
Ratatuille de molde 68
Calabazas rellenas I 70
Calabazas rellenas II 71

Pastas 72
Masa básica para pastas rellenas integrales 72
Ñoquis de remolacha 73
Ñoquis de ricota y espinacas 74
Penne rigate con zucchinis y cebollas 75

PANES, BUDINES Y BIZCOCHOS
Pan de trigo integral 77
Pan de soja 78
Pan de maíz 79
Pan de verdura 80
Pan de avena 82
Budín de zanahorias 83
Bizcochos de trigo integral 84

POSTRES
Manzanas con cubierta crocante 87
Mandarinas rellenas 88
Flan de calabaza 89
Mousse de damascos 90
Tarta de limón 90
Granola 92

Este libro se terminó de imprimir en
GAMA Producción Gráfica
Zeballos 244 - Avellaneda
Diciembre de 2001